AF234567

# TÚ, LA MUERTE Y YO

# TÚ, LA MUERTE Y YO

## Eliana Albeniz Ordoyo

REIKIAVIK
*ediciones*

**Colección Latidos**

Primera edición: octubre de 2024
Segunda edición: noviembre de 2024

Copyright de la presente edición:
© Del texto: Eliana Albeniz Ordoyo, 2024.
© Reikiavik Ediciones. Pamplona (Navarra)

www.reikiavikediciones.com
info@reikiavikediciones.com

ISBN: 978-84-127420-4-6
Depósito legal: DL NA 1936-2024

Corrección y edición: Reikiavik Ediciones
Diseño y maquetación: Ana Córdoba Pérez

Impreso en Navarra por Gráficas Iratxe.
Printed in Spain - Impreso en España

*A Alicia y Jon,*
*por ser un sueño hecho realidad.*
*Por no dejar que la tristeza nos ganara.*
*Por ser, simplemente, MARAVILLOSOS.*

# ÍNDICE

# PRÓLOGO

Hay llamadas en la vida que erizan el alma. Eso sentí yo aquel día, el 20 de enero de 2017, cuando sonó mi teléfono y era Eliana quien llamaba.

Llevábamos tantos años sin vernos que jamás imaginé que, al descolgar el teléfono, me encontraría con una voz tan dulce como la de siempre, pero más rota que nunca. Rakel, soy Eliana, mi marido está en la UCI, se muere. Tengo dos hijos de... ¿Qué hago?

Así comenzó todo. Hice lo que pude y como pude. Supongo, y espero, que sostuve, resolví algunas dudas y abracé algunos miedos. Poco más se puede hacer cuando el impacto, el miedo y el dolor atenazan con esa fuerza.

Al colgar esa llamada, conecté, me conecté y sentí. Sentí miedo de no haber sido suficiente para ti en ese momento, sentí rabia con la vida (esa me resultaba bastante conocida), sentí injusticia, enfado, mucho enfado, y después paré. En ese instante apareció la pena, esa que se esconde porque de otra manera no podría haber estado ahí.

Pasaron los días, su marido Fermín murió y Eliana volvió a pedirme ayuda. Así fue nuestro comienzo. Ahí y así quiso la vida que volviésemos a encontrarnos. Y ahí y así comenzó un camino de acompañamiento en el dolor, en tu dolor.

Este libro es el resultado de todo eso. Este libro es una de esas «cosas» que brotan del alma herida. He visto a Eliana sintiendo cada emoción que llegaba, la he visto bloqueando el dolor para poder sobrevivir, tirando del carro de la vida con todo lo que la vida pesa a veces. También la he visto reír, incluso a carcajadas.

Cuando lees este libro vuelves a ver y a sentir a esa mujer tan grande y tan pequeña a la vez. A esa madre que tira de su familia, y se rompe y se vuelve a levantar acordándose cada rato que puede, que es capaz. Ves a esa mujer que ha tenido que reconstruir el amor hacia su pareja muerta, dándole un sitio en su corazón. Un lugar que le permita seguir viviendo y seguir estando en la vida. Porque el duelo, duele. Porque la vida no es un cuento. La vida va de vivir y vivir es urgente.

Este libro va de eso, de emociones, de dolor, de vida, de vivir, de urgencia y de tiempo. Este libro nos recuerda que sentir es el único camino, la única vía, para volver a vivir. Habla del dolor con realismo y sensibilidad, habla y desgrana cada emoción vivida y sentida. En definitiva, es una caricia para el alma.

**Rakel Mateo Sebastián**

# PRESENTACIÓN

Mi vida estaba encauzada, pero en enero de 2017, de un día para otro, todo dejó de ser como era. Mi marido murió sin avisar. Mi vida, tal y como la conocía y tal y como la tenía pensada, se había deshecho. La persona que debía acompañarme en ella ya no estaba como quería, debía y necesitaba que estuviese.

Soy docente, viuda y madre de una niña y un niño que, en aquel entonces, siendo muy pequeños, aprendieron de qué va esto de vivir.

Hice mi proceso de duelo con la Asociación Goizargi, de su mano conseguimos avanzar y aprender. Pude conocerme de otra manera y crecer los tres juntos.

Escribir me ayudó a ordenar mi cabeza, a llorar hasta dejar de ver el papel; al principio a mano, después a ordenador dándole más forma, sentía que él podía leerme y yo le podía decir tantas cosas que no me dio tiempo.

Una vez tuve la oportunidad de escribir para un grupo de personas, personas que también se dolían o lo habían hecho tiempo atrás, les pareció que lo escrito les ayudaba a entender muchas cosas y se reconocieron en algunos de los fragmentos de mi texto. Me animaron a escribir y a enseñarlo, pero nunca me he atrevido. Hasta hoy, que me gustaría compartir contigo lo que yo he sentido en este tiempo.

Este libro comienza porque te has ido, porque al irte mi vida se ha roto en mil pedazos. Es curioso, porque la mía puede recomponerse, pero la tuya no. Te has marchado de repente y mi mundo se ha parado. Sé que estoy bien sujeta, confío en que antes o después volveré a coger las riendas de todo, pero ahora me siento pequeña, indefensa, desprotegida, sola... porque te has ido.

Este libro comienza porque he descubierto que escribir me ayuda a entender algo de todo esto, porque es una especie de terapia para avanzar mientras me hago consciente de que ya no estás, bueno, lo voy a decir, PUEDO HACERLO: me hago consciente de que...

TE HAS MUERTO.

# ADIÓS,
## sin darte cuenta, creo

Reconozco que yo tenía una vida bonita, mi familia, mi trabajo, algo de deporte, mis amigos. Todo estaba encauzado, tranquilo, con los agobios normales del día a día pero bien, todo bien, bastante ordenado, con las rutinas propias del momento (qué importantes las rutinas) hasta que todo cambia cuando tú, mi marido, mueres.

Esa mañana LA VIDA se para en seco. Te despiertas, pero no eres tú, ambulancia, hospital, coma, tratamientos milagrosos que no lo son, amigos, abrazos, lágrimas, llantos, abrazos, incredulidad, miedo, tranquilo, descanso, paz, adiós. Adiós. ADIÓS.

Así, de la noche a la mañana, de despedirnos con un beso, un «duerme bien», «descansa», «te

quiero» a un «descansa, mi amor... para siempre».
Para no volver a despertar, para no volverte a tocar, a besar, a escuchar, a ver, a sentir, a abrazar.

Un abrazo, la sensación maravillosa de que me
abraces y sentir que todo da igual, que me suje-
tas, que contigo estoy segura.

Pero... adiós. No hay más. ADIÓS.

Una vida bastante normal, todo bonito, un día
a día relativamente tranquilo, planes, ilusiones,
una vida por delante con su proyecto, con todo
por vivir.

Pero... adiós.

Y eres tú el que se ha ido, sin darte cuenta, creo.
Sin decir nada, sin despedirte. Igual es mejor así,
parece que no has sufrido, que no has sabido que
nos dejabas. Parece que simplemente te has dor-
mido, como tantas veces hacías en el sofá suje-
tando el mando de la tele, pero esta vez con la
foto de nosotros tres entre los dedos; unos dedos inertes, que no podían sujetarla. Unos dedos
suaves y templados que tantas veces me han aca-
riciado. Y una foto que coloqué entre tus dedos
esperando que te diese fuerza. Una foto que se
ha ido contigo porque pedí que por favor no te la

quitaran, porque pensé, que de alguna manera, te acompañábamos.

Adiós. Así, de repente. Lo poco que te gustaba esa palabra. Procurabas no decirla nunca. Preferías un «hasta luego, nos vemos».

Y esa vida bastante perfecta se acaba sin avisar, sin prepararnos. ¿Habrá preparación para esto? De pronto, ya no estás y lo peor es que no vas a estar, por mucho que quiera, por mucho que te llame, por mucho que te piense, no vas a estar. Y ahora tengo que vivir contigo sin estar, con el dolor terrible dentro, dolor físico, con el corazón roto en dos, y nuestros dos hijos y su dolor, su pena, su incredulidad.

Yo, sola.

Yo, sin ti.

Yo, con ellos.

Los tres, solos.

Los tres, sin ti.

Los tres, juntos.

Los tres sin ti, pero contigo, porque tienen que tenerte, tienen que crecer contigo, tengo que conse-
guir que te conozcan como si estuvieras aquí, que
sepan cómo eres, qué te gusta, qué no te gusta, tus
manías, todo. Tienen que crecer contigo. Y lo van
a hacer. Vas a estar en sus vidas, tú tranquilo porque no vas a dejar de estar, te quieren, te adoran,
como tú a ellos.

## Y ENTONCES...

Y entonces me quedo sola, sin ti.

Y tengo que seguir, sin ti.

Y tengo que respirar, sin ti.

Y tengo que sonreír, sin ti.

Y tengo que vivir, sin ti.

Y tengo que ser fuerte, sin ti.

Pero solo quiero llorar,

quiero ir contigo,

desaparecer,

volar juntos a donde sea que hayas ido.

Solo quiero que me abraces fuerte, sentirme segura en tus brazos, como antes, como siempre, como ayer.

Y entonces, llegará el día en el que no me sienta sola.

En el que quiera seguir, contigo.

En el que quiera respirar, contigo.

En el que quiera sonreír, contigo.

En el que quiera vivir, contigo.

En el que quiera ser fuerte, contigo.

Porque estarás, aprenderé a estar contigo así,
no como yo quiero, pero sí como tú estás.
Porque siempre vas a estar, conmigo.

# LA MUERTE

Está. No queremos reconocerlo, pero está. Forma parte de la vida. Vivimos y morimos. Está claro. Pero la evitamos. No nos atrevemos ni siquiera a nombrarla.

MUER-TE, MUER-TE

MUERTE

La nombramos y hacemos cosas raras como tocar madera, cruzar los dedos, «virgencita virgencita...».

MUERTE, MUERTE, MUERTE

Queremos huir de ella cuando es algo imposible. Si viene, viene, da igual lo que hagas que viene. Así, pum, de repente. O no, avisando que se acerca como en tantísimas casas, que deben convivir con ella de la mano durante meses, años a veces. Es una mala compañera, la criticamos, no nos cae bien, pero sigue ahí, y de vez en cuando nos toca.

## Muerte

Te has muerto. Me sigue extrañando el decirlo así, «cariño, te has muerto», has tenido tu funeral, la gente, mucha, te ha llorado, mucha sigue pensando en ti, en mí, en los niños... porque te has muerto. Nada de te has ido, has fallecido... no, te has muerto. Y ADIÓS.

Qué fuerte.

## Y DE PRONTO...

Y de pronto el tiempo se paró, en seco, sin avisar.

Sin dar opción a pensar, sin dejar decidir, sin poder decir adiós, te quiero, no me dejes.

Sin poder decirnos tantas cosas que ya sabíamos, pero que nos hubiésemos dicho.

Un «no tengas miedo, estoy aquí. Te voy a acompañar esté donde esté. No te voy a dejar sola».

Sin dar un último beso, un último abrazo, una última mirada.

Se acabó.

Se nos terminó el tiempo para poder seguir soñando, viviendo, amando, queriendo, besando...

Se acabó.

Así, sin más.

Porque, ¿esto funciona así, de pronto se acaba y ya está?

No, no se acaba y ya está, sigues aquí.

Sigues conmigo.

Te siento,

te pienso,

te amo,

te anhelo,

te hablo,

te sueño,

cierro los ojos y te abrazo, fuerte,
y me abrazas, fuerte.

Porque el amor no termina así.

No estás tú, como yo quiero que estés.
Pero estás. Y seguirás estando, siempre,
hasta que volvamos a abrazarnos, hasta
que volvamos a ser uno.

Porque te quiero, simplemente eso,
te quiero.

Y al morirte tú, me he convertido en una mujer viuda, pero joven (digo «pero» porque parece que a mi edad esto no toca), con dos hijos pequeños y con, espero, una vida maravillosa por delante, a pesar de tu muerte. Dos hijos pequeños a los que ayudar a crecer sin que les duela demasiado tu ausencia y que aprendan a vivir contigo de otra manera. Porque estoy segura de que en algún sitio estás. No puede ser que alguien tan importante como lo eras tú para nosotros desaparezca y ya está. Sé que nos ves, que nos cuidas, que estás...

Si en algún sueño puedes aparecer y decirme dónde estás, hazlo, anda, igual no te cuesta mucho.

He crecido con miedo a la muerte, ahora la he vivido y he visto lo fácil que es morir. He visto que hoy estás y mañana ya no, que te ha pasado a ti, no sé muy bien por qué, y que nos puede pasar a todos. Nadie está libre. Pero ahora sé que sí lo somos para decidir cómo afrontarla. Para decidir si hundirnos o seguir viviendo. Por mucho que me parezca mentira, por mucho que siempre haya pensado que yo no podría con algo así, voy a poder, voy a hacer todo lo posible para que nuestros dos niños pequeños que van a crecer sin su padre, puedan vivir, reír, sonreír, disfrutar, llorar y yo, aunque todavía no sé cómo, voy a hacerlo con ellos.

# EL DUELO

Como te has muerto, entramos en el proceso de duelo. Es curioso, toda la vida obsesionada con la muerte, con que no nos pase nada a nadie, pensando que sería incapaz de vivir en condiciones después de una fuerte pérdida y cuando más tranquila estaba, más madura en este sentido me sentía, va y aparece.

Oye, y te has muerto y no lo hemos podido comentar, la de cosas que habríamos dicho, incluso reído de la situación. Te habría contado lo guapo que era uno de los médicos, lo simpáticas que eran las enfermeras y con cuánto cariño te trataban, todos los que vinieron al hospital, mis amigas haciendo turnos, mi equipo (ya sabía que era un equipazo pero... impresionante) con los niños, tus amigos todo el rato con nosotros... tanta y tanta gente pensando en ti, rezando por ti, llorando por ti. ¿Te llegaba algo de todo esto?

Yo estoy segura de que sí, de que sentías la energía de todos, de que nos oías cuando entrábamos y te hablábamos. Quiero creer que era así porque si no, todavía es más duro.

(Apunte para las doctoras y doctores: aunque no haya certeza científica de si la persona en coma profundo oye o no, déjennos pensar que sí, por favor).

Cuando los médicos me dijeron que no había nada más que hacer, me caí de la silla, un dolor exageradamente fuerte me partió el corazón en dos, algo literal, así, tal cual. Y grité. Yo, la siempre comedida, no pude contenerme y grité. Me trajeron tranquilizantes y me ayudaron a levantarme, pero no quería hacerlo, quería ir contigo. Pedí que me llevasen contigo. Que me tumbasen a tu lado, que me diesen algo para dormir abrazada a ti para siempre.

Naturalmente no lo hicieron, por eso estoy aquí, escribiéndote. Y menos mal que no lo hicieron porque tengo que ayudar a crecer a los niños, a nuestros hijos. Menudo follón les habríamos dejado... aunque en un momento de locura, pedí que los pusiesen también con nosotros y nos fuésemos los cuatro juntos, abrazados.

Y cuando pasan esos días, y todo el mundo te acompaña, y está y te protege, de pronto te encuentras que la vida sigue, y que tienes que continuar y que los niños tienen que ir al colegio, y jugar y reírse y tu trabajo, y los papeles, y más papeles.

Tú que estás leyendo esto, haz el testamento, y deja las cosas bien hechas, por lo que pueda ocurrir, que no tiene por qué pasar, pero toquemos madera, virgencitavirgencita.

Porque se va a cumplir un año en nada y sigo con los papeles a vueltas... Y hay que hacer la compra, y la casa, y los niños, y tú no estás, y no sé tus contraseñas, y tu trabajo, y el mío, y los papales, y llorar, y no estás, y no estás y NO VAS A ESTAR.

No - vas - a - estar

Y todos nos tenemos que situar en esta nueva vida, porque sólo faltas tú, pero todos nos debemos resituar. Hay momentos en los que siento que voy a poder, pero la mayoría creo que no, que sin ti es imposible, me cuesta respirar. ¿Y si no puedo?

Yo, sola, madre, viuda (qué palabra más fea, pero si quitamos la u...), casa, trabajo, niños, tú no, yo sola, sin ti... gritar, llorar, dolor, gritar, angustia, mucha angustia. Y si, y si, y si...

# Y SI...

Los «y sis» me machacan, me bombardean la cabeza de tal manera que no puedo parar un segundo, me van minando y me hacen polvo. ¿Y si se me hubiese ocurrido que te podía pasar eso? ¿Y si te hubiese acompañado yo a urgencias un día antes? ¿Y si te hubiese observado durante toda la noche? ¿Y si hubiese podido pasar más tiempo contigo la tarde anterior en vez de estar en un curso aburridísimo pero obligatorio? ¿Y si te contagié yo porque tuve anginas unas semanas antes? ¿Y si los médicos te hubiesen visto algo? ¿Y si...? Tantos «y sis» se me pueden llegar a ocurrir que el dolor se hace más grande todavía, porque además suelen ser atribuidos a uno mismo, me cargo con la responsabilidad de lo que ha ocurrido, pero no es así, yo no soy responsable de la muerte de mi marido que ha caído enfermo y que ha tenido la malísima suerte de ser un caso de entre no sé cuántos mil...

Los «y sis» no me llevan a ningún lado, pero están y me acompañan durante semanas, meses... me atormentan y mi cabeza puede llegar a volverse loca.

Pero conforme voy andando en este proceso van disipándose, siguen apareciendo de vez en cuando, cada vez con menor frecuencia y me van permitiendo avanzar y no asumir la responsabilidad de lo sucedido.

El duelo sigue avanzando y entonces me doy cuenta del camino que he querido seguir, creo que tenía dos opciones, o hundirme hasta lo más profundo y sumergirme en una amargura total, amargando la vida a los niños, a mis padres, a mis amigos... o luchar, luchar por volver a ser feliz, por ser capaz de recordarte con una sonrisa orgullosa de haber formado parte de tu vida, y ayudando a los niños y a todos a vivir la vida como nos merecemos, disfrutándola al máximo, queriéndonos y sonriendo. Menos mal que, igual sin darme cuenta, elegí la segunda opción, la de luchar, la de permitir dolerme, llorar y ser cuidada, para poder coger fuerzas y seguir, seguir adelante con ganas, con optimismo, con fuerza e ir consiguiendo, poco a poco, que nuestros niños sean felices y... ¿por qué no? Yo también.

ESTA NO ES NI VIDA

INCREDULIDAD NO ESTÁS   HUIR

ME AHOGO

GRITAR
QUIERO GRITAR                    ¡NOOOO!

TE HAS
MUERTO

OSCURIDAD   ¿Y SI?        ¡JODER!   TE HAS
                                    MUERTO

TENGO
MIEDO

RABIA                    MUCHO MIEDO

¿POR QUÉ?

DUELE MUCHO    NO ENTIENDO (NADA)
                        Y AHORA ¿QUÉ?

NO PUEDE SER VERDAD.

HAS MUERTO.

MI CABEZA NO PARA DE DAR VUELTAS, NO
PUEDO MÁS, QUIERO QUE PARE. ¡JODER! TE

# NO VOLVERÉ A REÍR

No, no volveré a reír. Ni a disfrutar, ni a soñar, ni a pasármelo bien, no volveré a muchas cosas porque te has muerto. Y si tú estás muerto yo no puedo hacer nada que suponga una sonrisa, una alegría... Eso estaría fatal, sería muy feo por mi parte.

Esto dice la lealtad. La mala amiga lealtad que durante un tiempo me ha acompañado y hace su papel, pero que si se mantiene es capaz de hacerme mucho daño porque no me permite mirar hacia delante. Solo quiere que mire atrás, que llore todo el rato y me quede ahí, en el dolor. Me recuerda que no está bien que me ría o me lo pase bien porque tú estás muerto. La primera vez que me doy cuenta de que me río por algo, una punzada recorre mi cuerpo y hace que me estremezca. Me asusto. No me gusta esa sensación. No me gusta que estés muerto. Pero es que... yo no lo estoy, por eso puedo sonreír y tal vez, también reír.

Necesito que alguien me recuerde eso, que estoy viva y que puedo seguir viviendo. Cuando me lo creo, decido decir adiós a esa mala compañía que es la lealtad. Porque ahora mismo, solo me hace daño.

No me sigas, Lealtad, no por no dejar que tires de mí, quiero menos. No por sonreír o reír, dejo de querer. No por querer vivir, dejo de querer. Entiéndelo y déjame seguir.

# ME DEJO SUJETAR

Desde que te fuiste en la ambulancia he tenido que tomar un papel nuevo, totalmente desconocido. He tenido que dejarme sujetar, abrazar. He tenido que mostrarme y reconocerme vulnerable, indefensa. Me he visto perdida en medio de un mundo feo. Pero he tenido la suerte de tener un montón de gente maravillosa que me ha acompañado, que me ha abrazado, que me ha sujetado. Gente que no ha sentido lástima por mí ni me ha dado consejos vacíos, personas maravillosas que me han escuchado, que han llorado conmigo y que han hecho reír a los niños. Personas maravillosas que han sujetado mi vida cuando se tambaleaba, cuando yo no podía hacerlo. Personas maravillosas que ya estaban en nuestras vidas y otras que comienzan a estar en la mía, en mi otra vida.

Y algunas de las que comienzan a estar, son personas con las que comparto la muerte, con las que comparto miedos, sustos, locuras, personas que entienden cada momento, cada idea, porque yo también les entiendo. Personas con las que a pesar del dolor más profundo, empiezo a crecer, a caminar en un túnel oscuro con luciérnagas que cada vez iluminan con más fuerza.

Juntos vamos avanzando en nuestras nuevas vidas, vamos dando lugar a muchas cosas y vamos aprendiendo a vivir, dando pequeñas pinceladas a este nuevo lienzo. Personas maravillosas que saben que con un abrazo llegamos a donde sea, personas que saben mirarse y mirar a los demás, cual girasoles.

# SE ACABA EL AÑO

Son las 23:52 del 31 de diciembre de 2017, muchísima gente en todo el mundo está celebrando la Nochevieja, otra mucha estará rodeada de gente, pero sintiéndose sola y otros muchos estarán solos, unos porque les apetece y otros porque no tienen opción. Yo estoy sola, los niños duermen y yo he elegido sentarme ante el ordenador y escribir. Escribir que se acaba el último año en el que viviste, sólo 23 días, pero viviste. Es tu último año. Visto desde fuera es un poco tontería, pero dentro del duelo no lo es, es como cerrar algo y alejarme de ti. Te dejo atrás, me despido de ese año en el que la vida te arrancó de mi lado.

El peor año de mi vida, pero también el año en el que más he aprendido sobre ésta. Sobre la crudeza de la misma, sobre el amor, sobre el cariño y la energía. Y, como me dijo alguien muy especial, «ojalá pudiésemos desaprender», o no, porque resulta que todo esto también forma parte de mi vida.

Tú, vivo, formas parte de mi vida, y tú, muerto, también formas parte de mi vida.

Se acaba el año, y en breve llegará el aniversario de tu muerte, y sigo pensando que todo es surrealista. Que no puede ser que lleve un año sin abrazarte, sin verte, sin besarte, sin sentirte, sin escucharte...

Surrealista, raro, increíble... pero real, muerto, estás muerto.

## Y A PESAR DE...

Y a pesar de todo me siento afortunada.

Afortunada de haber sido tu compañera.

Afortunada de que me eligieras a mí.

Afortunada por haber sido la protagonista de tu vida.

Afortunada por ser la madre de tus hijos.

Afortunada por haber compartido parte de mi vida contigo.

Afortunada porque me has ayudado a hacer mis sueños realidad.

Afortunada por tenerte entre mis brazos.

Afortunada por estar entre los tuyos.

Afortunada por besar tu boca, por mirar tus ojos de cerca y oír tus «te quieros».

Afortunada por tocar tu piel y sentir tus suaves manos en la mía.

Afortunada por levantarme a tu lado.

Afortunada por acostarme a tu lado.

Y a la vez que siento el dolor más profundo, me siento profundamente afortunada.

Gracias por tanto, gracias por todo, gracias mi amor.

Y me enfado con la vida por lo que nos ha hecho.

Y a la vez le doy las gracias por la oportunidad que nos dio para vivirla juntos.

# LA CABEZA SIGUE PENSANDO

Durante este tiempo he pensado mucho sobre la muerte y la vida, sobre ti muerto, sobre cómo soy ahora y cómo era antes, se puede leer por ahí que después de una experiencia dura no eres el mismo. Yo creo que sigo siendo yo, pero con nuevas experiencias, con nuevas vivencias que tal vez hayan acentuado algunos de mis rasgos o suavizado otros, soy yo con nuevos aprendizajes y con muchas reflexiones.

La semana de tu primer aniversario de muerto se me remueve todo, vienen a la cabeza momentos, imágenes, conversaciones de los días en los que te fuiste despidiendo de la vida. La gente se acuerda y está más presente de lo habitual, aunque la verdad es que he tenido la suerte de estar muy acompañada y de sentir mucho cariño durante este año. En esa semana me he dado cuenta de algunas cosas:

## Con hilo rojo y grueso

Hace un año mi corazón se rompió en dos, como si estirasen de uno y otro lado y se rasgase. Lo sentí así de manera física, el dolor fue exagerado, una presión, ahogo... Ahora siento que mi corazón roto está siendo cosido por un hilo rojo y grueso, con una aguja que da firme cada puntada. Quedan un par de puntadas por dar. Esas dos partes se están uniendo. El día en que hizo un año de tu muerte, el hilo se aflojó un poco y se volvieron a separar las dos mitades, volvió a doler más fuerte, pero después de dedicarte unas palabras, de sentir el cariño y el abrazo de tanta gente, el hilo volvió a ajustarse. La cicatriz va a quedar para siempre, de arriba abajo de mi corazón y habrá momentos en los que duela más, en los que el hilo vuelva a aflojarse, pero lo importante es que es un hilo fuerte que va a poder mantenerlo unido. A ti te estoy dando un lugar, un lugar en ese corazón que una vez se rompió, pero que antes había vibrado gracias a ti. Al darte un lugar y saber que vas a estar ahí siempre, puedo seguir viviendo. Y tú me vas a acompañar.

# La burbuja

Un día me di cuenta de que durante bastantes meses he estado dentro de una burbuja, me veo metida en una bola grande, yo iba a todos los lados, estaba con gente, participaba en conversaciones, pero todo desde esa burbuja, nada de lo que pasaba la penetraba, nada me llegaba de verdad. Ahora me doy cuenta de que era una especie de protección, cualquier cosa podía herirme de manera exagerada, yo era totalmente vulnerable, por eso me metí ahí, tenía que protegerme de todo lo de fuera porque bastante tenía yo con mi dolor y el de los niños. Un día, me di cuenta de que ya no la necesitaba, que podía volver a sentir cosas más allá del dolor por tu muerte, que podía volver a reírme de verdad, a disfrutar y a sufrir, porque la vida tiene de las dos, diversión y sufrimiento. Porque la vida no es un asco ni una mierda. La vida puede ser terriblemente dura, pero siempre está la opción de sonreír, aunque sea un poquito, de quedarnos con las cosas bonitas, de soñar y de perseguir esos sueños. Porque a pesar de mucho, la vida también puede ser maravillosa.

## Intocable

Durante unos meses he tenido la sensación de que nada más podía pasar, tal vez porque estaba en esa burbuja. Era como si por habernos pasado esto, ya nada podía atacarnos, como si nos dejasen fuera de este sorteo. Pero como voy volviendo a la vida, voy siendo consciente de que no es así, de que en cualquier momento todo puede torcerse otra vez y que la vida consiste en esto. Es un sorteo constante, o no, tal vez esté todo escrito o pactado...

En esos meses me he sentido a veces una especie de superheroína, he pasado de sentirme pequeñita e indefensa a ver cómo estaba siendo capaz de hacer un montón de cosas que antes ni me planteaba, capaz de tomar decisiones que antes te consultaba o capaz de vivir por mí misma, sin ti. Porque resulta que somos capaces de mucho más. En esas capacidades está el poder ayudar a los niños a gestionar sus emociones, a reconocerlas y darles un lugar, a recordarte con una sonrisa, con orgullo y a seguir creciendo felices, con un aprendizaje impresionante a todos los niveles, pero felices. Sí, soy un poco superheroína, por qué no decirlo.

Dicen que soy valiente, me lo han dicho muchas veces durante este tiempo «jo, qué valiente estás siendo, yo no podría...». La verdad es que no creo que lo sea, no sé si esto es valentía. Lo que sí creo es que todos tenemos un montón de capacidades guardadas en nuestro interior, capacidades que sólo mostramos y nos damos cuenta de que las tenemos cuando la vida nos pone a prueba. Somos mucho más capaces de lo que pensamos, todos lo somos.

## El anillo

Desde que nos casamos nunca me había quitado el anillo. Al morirte me puse el de pedida (bueno, en realidad nunca me pediste... vale, hay un pelín de resquemor en esto...) y durante meses he llevado los dos juntos. Pero, un día, de repente, me empezaron a molestar. De no notarlos pasé a notarlos demasiado, me apretaban o no sé muy bien qué sentía, pero algo notaba. Lo comenté en mi grupo, en el que podía tratar estas cosas, y durante días o semanas le estuve dando vueltas a esto. Un día decidí quitármelos, y creo que fue algo simbólico lo que sentí. No podía sacarlos, tuve que usar jabón, el de «pedida» salió más fácil, pero la alianza no había forma, al final, lo conseguí no sin hacerme un poco de daño. Pero después sentí cierta ligereza en mi dedo, cierto alivio. Creo que ese sentir representa lo que sentí yo, lo que sentí en mí. Todo esto duele, raspa, cuesta sacar todo el dolor, todo el recuerdo, toda la emoción, pero una vez que lo haces, o conforme lo vas haciendo, sientes alivio, ligereza... Por eso, sigue siendo tan bueno romperse de vez en cuando, volver a conectar con las tripas, contigo, conmigo.

Quitarme el anillo no quiere decir que deje de quererte, que olvide nuestra vida juntos, simplemente muestra que sigo en la vida, que sigo avanzando y dando pasitos, pero tú sigues en mí.

Visto desde fuera, habrá gente que no lo entienda, pero sé que quien se haya encontrado en una situación similar, lo va a entender perfectamente, probablemente le haya pasado.

## La gente

Durante el duelo la gente se vuelve «medio tonta» y no me refiero a la gente que está en duelo, sino al resto. Hay gente que no, por supuesto, pero otra... lo que hay que oír. Como el tema de la muerte es un tema que nos da escalofríos, no todo el mundo sabe o es capaz de mantener una conversación contigo, es normal por otro lado y entiendes que tú tampoco sabías actuar antes, pero... hay gente que se vuelve más «medio tonta» que otra.

Están aquellas personas que te invitan al café, a comer o a merendar porque claro, como estás en duelo no puedes sacar la cartera y pagarte tú el café. Llega un momento en el que decides aprovechar y dejar que te paguen todo.

También aquellos que te miran con cara de pena a diario y que si ante su pregunta de «¿cómo estás?» mientras ladean la cabeza hacia un lado y acarician tu brazo, tu respuesta es un «bien» se sorprenden, te miran raro y te dicen «¿bien?» y ponen cara de estar pensando «uy, esta pobre está fatal». Mientras, por dentro, estás pensando «no vuelvas a saludarme con ese careto» (bueno, esto en plan suave porque a veces, lo que realmente te sale no quedaría bien escribirlo en estas páginas).

Están los que deciden hablar por hablar y como no saben qué decir sueltan todos los tópicos que se les ocurren, aquellos como «el tiempo ayuda y conforme vaya pasando te sentirás mejor», «seguro que volver a trabajar te ayuda a distraerte», «eres joven, seguro que rehaces tu vida» (y si a eso añaden un guapa...), «piensa que tienes mucha suerte porque tienes a tus padres», «tienes dos hijos preciosos que tiran de ti».

Creo que los tópicos se merecen, al menos, un párrafo. Porque sí, con eso de que la muerte es un tema difícil para todos, nos aprendemos algunas frases socialmente aceptadas y luego las soltamos con cara de pena o angustia, a veces incluso de lástima... (cara que a las personas que estamos en duelo no nos suele gustar). Por cierto, como dice una persona muy sabia «la lástima, lastima» y no, no ayuda en absoluto:

**EL TIEMPO** «El tiempo ayuda, ya han pasado varios meses, seguro que te vas encontrando mejor». Esta o cualquiera de sus variables «poco a poco, con el tiempo, ya verás como tendrás ganas de hacer más cosas...».

«El tiempo lo cura todo». Pues sí, es verdad que el tiempo pasa y al pasar el dolor evoluciona, pero no desaparece. Va cambiando si la persona quiere que cambie, si te dedicas a crecer, si trabajas tu dolor y decides hacer algo con él. Porque por mucho que el tiempo pase, si quieres quedarte en la muerte dejarás de vivir, y el tiempo pasará y la vida seguirá su curso a tu alrededor, pero no dejarás que nada te toque de verdad.

**DISTRAERSE** «Seguro que volver a trabajar te ayuda, necesitas/te vendrá bien distraerte». Pues sí y no, sí cuando ha evolucionado lo suficiente tu duelo como para poder hacerlo, pero no cuando la muerte ocupa todo tu pensamiento y todo tu ser, porque necesitas sacar ese dolor, sentirlo, vivirlo para poder ocuparte después de otras cosas. Porque la muerte te quita tanto de ti que nada es capaz de distraerte y porque, además, igual no quieres distraerte y durante un tiempo eso es perfectamente sano.

**LA EDAD** «Eres joven, tienes toda la vida por delante». Por no ser borde yo solía sonreír a medias y por dentro pensar «o no». Si al «eres joven» añaden un «y guapa» entonces en mi interior sale la voz enfadada que diría cualquier cosa. Da igual la edad que tenga, es mi pérdida y mi dolor. Lo mismo que mis hijos tienen su pérdida y su dolor, sus amigos el suyo, su familia el suyo...

A veces el comentario de la edad va acompañado de un «reharás tu vida». Uy, cómo escuece ese comentario. Porque es triste, pero de verdad ¿la gente piensa que la vida solo es la relación de pareja? Rehago mi vida desde que llamé a esa ambulancia porque yo ese día debía haber ido a dejar a los niños en el cole y a trabajar como cualquier otro día. Rehago mi vida desde que volví a casa sin mi marido, desde que me vi sola con mis dos hijos y mi marido muerto. La vida es mucho más y hay que recomponerla o rehacerla en todos los ámbitos.

## LOS HIJOS

«Tienes dos hijos que tiran de ti». O yo de ellos. Me toca sujetarlos a ellos mientras yo necesito que me sujeten, abrazarlos cuando lloran o lloramos e intentar responder preguntas que yo también me hago y cuyas respuestas no encuentro. Pero sí, tengo la maravillosa suerte de tener dos hijos que han demostrado que los niños tienen un mundo interior mucho más rico y una capacidad mayor a la de los adultos para superar todo y para afrontar la adversidad.

# SE ME PARTE EL ALMA

Se me parte el alma cada vez que los niños te lloran, les cuesta decirlo, ellos me protegen y quieren verme bien, pero necesito que puedan decir lo que sienten, que puedan llorar abrazados a mí. Generalmente te recordamos con una sonrisa, con algo bonito, con una anécdota divertida... pero hay momentos en los que se rompen. Lloran porque te echan de menos, lloran porque no te pueden abrazar, ni ver, ni oír, lloran porque ya no puedes jugar con ellos ni leerles cuentos, ni contarles historias. Yo les abrazo, y hago que me cuenten, que se abran y expresen lo que sienten, como puedan, a su manera, pero me duele tanto ver ese sufrimiento, sentirlo y no poder librarles de él. Y sé que es bueno que lo saquen y es bueno que yo pueda sujetarles y que sientan que lo hago, que estoy para hacerlo cuando lo necesiten, siempre que lo necesitan. Pero en esos momentos, ese hilo rojo y fuerte que sujeta las dos partes de mi corazón se afloja, se afloja mucho porque la muerte, tu muerte, vuelve a doler. Y yo sé que puedo llorar, que gestiono mi dolor, pero me gustaría tanto ver cómo están sus corazones, cómo están sus cabecitas, cómo te sienten, cómo te piensan, cómo viven por dentro todo esto. Jo, duele tanto.

Sólo espero ser capaz de ayudarles a que sus corazoncitos también estén zurcidos por el mismo hilo rojo y fuerte que zurce el mío.

# SIGO ADELANTE

El tiempo sigue pasando, me sigo alejando más y más de ti, de mi vida contigo. Llega a haber momentos en los que dudo de si mi vida contigo existió de verdad, si tú formaste parte de ella, si todo fue un sueño. Entonces, miro a los niños, recuerdo tu sonrisa, a veces hasta consigo recordar tu voz, quizá hasta tu olor, y me doy cuenta de que sí, de que toda esa vida fue verdad. Consigo creer que esa vida es la mía, la mía contigo.

Es curioso cómo duelen las fechas. El poder que tiene el calendario. Porque esos días de enero ya no volverán a ser unos días cualquiera.

Porque para siempre van a significar algo, para siempre van a escocer. Siempre van a ser días en los que la cicatriz se resiente, el hilo se afloja. Las lágrimas vuelven a brotar sin control. Quiero volver atrás, volver a tocarte, a acariciarte, a escucharte, a abrazarte.

Todo sigue pareciendo mentira, pero no, no lo es. Es mi vida, era la tuya.

Decido que no quiero volver atrás, decido que quiero mirar adelante con el recuerdo maravilloso de haber compartido parte de mi vida contigo. Voy a volver a vivir. Estoy aprendiendo a vivir.

# QUIERO Y TE QUIERO

Te quiero, te he querido y te querré. Siempre.

Me quieres, me has querido y me querrás. Siempre. Estés donde estés. Lo sé.

Pero yo estoy aquí, viva, sigo viviendo, pero sin ti.

Aunque no quiero que sea así, aunque me cueste creerlo, estoy sin ti.

Y sigo andando, porque tengo que andar.

Y sigo avanzando, porque tengo que avanzar.

Y de pronto no sólo es tengo, sino quiero.

Quiero andar.

Quiero avanzar.

Quiero vivir.

Quiero reír.

Quiero amar.

Quiero abrazar.

Quiero sentir.

Pero tú no estás para seguir abrazándote como antes, para sentirte como antes.

Siempre te voy a querer, siempre.

La vida nos ha hecho esto. Ojalá supiese por qué, para qué.

Nos ha separado, te ha llevado de mi lado.

Sin preguntar, sin avisar. Sin despedirnos, sin decirnos «te quiero» por última vez.

Así, sin más. Ella lo decidió y lo hizo.

Pero yo sigo aquí, y quiero vivir, reír, amar, abrazar, sentir...

Y te quiero, te quise y te querré. Siempre.

# RECUERDO

Recuerdo tus ojos, tu mirada.

Recuerdo tu sonrisa, a veces hasta tu risa.

Recuerdo tus caricias, tus abrazos.

Recuerdo tus costumbres y tus manías.

Recuerdo tus besos, tu cariño.

Recuerdo los planes, las ideas, la vida que se quedó a medias.

Recuerdo tus palabras y creo recordar tu voz.

Recuerdo momentos, sensaciones, emociones.

Recuerdo canciones bailadas y sin bailar.

Recuerdo tu olor.

Recuerdo que pensé que te perdería en mi recuerdo, pero no, sigo recordando y a veces, sonrío al hacerlo, otras, lloro...

Recuerdo que fui feliz, que duele, que estoy viva y viviendo.

# ¿SE TERMINA EL DUELO?

Qué pregunta... Hace poco definí el duelo como un camino tremendamente duro que hay que recorrer para poder volver a la vida. No sé si llega a terminarse, como ya he dicho por ahí, hay momentos en los que el recuerdo vuelve a doler, aunque eso ya no sea a diario. Por fin estoy en la vida, con todas sus cosas, intentando quedarme y disfrutar de las más bonitas y aprendiendo de las que no lo son.

Cierro este libro con la sensación de haber hecho un gran camino de duelo, con haberme permitido sacar todo el dolor y toda la emoción que ha ido surgiendo. He aprendido mucho de mí misma y de otras personas, creo que ahora soy capaz de querer más y mejor.

Espero poder dar un poquito de luz a quien esté cerca de mí, aportar calma, paz y cariño. Y si es con una sonrisa, mejor.

Y... seguimos inventando la vida.

# GRACIAS

Aunque algunos me digáis que no las tengo que dar, las doy y las seguiré dando.

A ti, Fermín, por elegirme. Habrá sido así por algo.

A Alicia y Jon porque hacéis que cada día merezca la pena, porque es imposible querer más fuerte. Espero ser capaz de ayudar a que esas sonrisas nunca se borren, porque la vida también puede ser maravillosa.

A Aita, Ama y Luken, por ayudarnos a mantenernos en la vida a los tres.

A aquellos que ese 19 de enero os organizasteis para estar con los niños, acompañarlos, jugar, hacerles reír. Ay, mi equipo... energía y refugio.

A las que estáis siempre.

A las y los que os organizasteis para acompañarnos en el hospital todo el rato. A tus amigos por seguir teniéndote entre nosotros. Y a quien me da la mano en este mundo por descubrir.

A Agus, porque quiero una vida larga y bonita contigo, llena de sueños para hacer realidad. A Iñaki y Unai por ser parte de nosotros.

A la Asociación Goizargi, a Rakel y a todas las que estuvisteis con nosotros, por todo lo que habéis supuesto para mí. Si en todos los sitios se trabajase con tanto cariño, el mundo sería muy diferente.

A los «Girac...» y «culis...» por todo lo que compartimos y nos hizo crecer.

Gracias de todo corazón a todos y todas aquellas que estáis en mi vida, que lejos de huir en aquel momento, os acercasteis y decidisteis formar parte de ella. A las y los que habéis ido apareciendo después.

Gracias a las y los que sois capaces de ver lo bonito y de aportar luz.

OS QUIERO Y OS QUIERO CERQUITA